만인시인선·56

나귀 일기

김연대 시집

나귀 일기

만인사

자서

내가 전생에 어느 나라의 왕자로 태어나 황금수레를 타기도 하였지만, 어느 때는 나귀가 되어 여러 종류의 수레를 끌기도 했을 것입니다. 금생에 와서도 내 짐과 남의 짐, 가벼운 짐과 무거운 짐 가리지 않고 끌고 실어 나른 나귀의 삶이었다고 생각됩니다.

그리하여 다섯 번째 시집 이름을 『나귀 일기』라 붙였습니다. 『나귀 일기』야 말로 내 인생의 점철이고 존재와 자존감의 증표입니다. 이 시집에는 최근 2~3년에 쓴 시들과 『꿈의 회향』 이후 『아지랑이 만지장서』에 수록하지 못한 20여 편도 함께 묶었습니다. 많게는 십 수년의 시차가 있지만 시적 정서와 호흡에는 별 차이를 느끼지 않습니다.

그것은 내가 꾸는 꿈과 잠이 여일하다는 의미이기도 합니다. 그렇게 내 자신의 정리로 생각하고 묶으면서 이것이 내 마지막 시집이 되면 편하겠다는 생각도 해봅니다. 돌아보면 나의 시는 대개 내 삶을 중언부언한 것인데다가 그것마저도 이제는 힘에 부친다는 뜻이기도 합니다.

한 줄 더 곁들이면 시와 시인이 대중과 멀어져 있고 외면당하는 현실을 체감하면서도 혼신의 힘을 쏟는 자신이 서

글프고 불쌍하다는 생각마저 듭니다. 시인이 시대의 양심이던 시대도 종말에 가까웠고, 시와 시인 또한 거대해진 물질 앞에 타락하고 주저앉아 그 존재의 의미마저 희미해져 초라한 모습이 되어가고 있습니다. 물질문명과 과학문명의 거대한 숲에 고사해가는 오늘의 시의 현주소는 인공지능(AI) '알파고'에 무릎을 꾼 바둑 9단 이세돌과 별반 다르지 않습니다. 컴퓨터로 음악을 작곡하고 연주까지 하는 마당에 과연 시의 영역이 인간정신의 결과물로만 존속하기는 어려울 것 같습니다.

그러고 보면 지난 세기는 비록 전쟁과 빈곤, 노역과 억압의 시간이 많았다 하더라도 오염되지 않은 자연과 더불어 사랑과 우정, 그리고 시를 노래하고 존재를 외치며 술잔을 높이 들었던 낭만의 시대였습니다. 그 시대에 시를 쓰고 시를 살아 더욱 행복했노라고 말하고 싶습니다.

오직 바라건대 암울하고 오염된 세상을 밝히고 따스하게 데울 그 마지막은 시이길 희망합니다.

2016년 봄날

안동 길안 한실마을 訥雲世에서

차 례

2. 고향이 안동이시더

차 례

3. 요일단장

4. 무념의 뜰

차 례

1

유토피아

새순

꽃보다 이쁜 새순
그 사람 손만 같다
꽃보다 이쁜 사람
그 사람 때문에 울었던
그 봄이 왔다 가고
떨어진 꽃자리에 돋아난 새순
그 사람 손만 같아
그 사람 모르게
살며시 만져본다

추억 속의 무늬

감자꽃이 필 때면
녹음 속에서 뻐꾸기가 운다
뻐꾹 뻐꾹 베이스 넣어 가며
짝꿍 불러내는 뻐꾸기 소리에 한 귀를 주고
흰색 자주색 감자꽃 따다 보면
주름 많은 손바닥에도
흰색 자주색 꽃물이 배이고
추억의 무늬들도 겹쳐 번진다
뻐꾹 뻐꾹 뻐꾸기 소리로 신호를 보내면
흰 블라우스 자주색 스커트의
뻐꾸기 한 마리 내 뒤에 와 서던
그림 무늬도 겹쳐 번진다

톱날을 썰며

비 오는 날 한나절을
추녀 끝 낙수 소리 들으며
축담에 구부리고 앉아
이 빠진 줄로 톱날을 썰고 있다
두 발 사이에 톱 끼우고
왼손으로 톱날을 잡고
바른 손으로 줄을 밀면
이 빠진 줄이 톱날에 턱턱 걸린다
세상을 제멋대로 물어뜯고 깨물다가
이젠 배추 잎에도 턱턱 걸리는 나의 치아가
이 이 빠진 줄과 무엇이 다른가
치간齒間에 낀 야채 줄기 같은 하찮은 상념들이
추적추적 내리는 빗소리 사이 끼어들어
이 빠진 줄처럼 빗소리에 턱턱 걸리고 있다

오십 보 백 보

수수 잎사귀에 서걱서걱 가을비가 내린다
빼꾸기가 뒷산으로 황급히 날아가며
빽꾹하고 한 마디 던진다
산머리에 심어놓은 한 고랑 수수를
알이 들 무렵부터 비둘기란 놈들이
씨도 남기지 않고 다 파먹는데도
그물도 덮지 않고 그냥 두고 있다고
마을 사람들 올라가며 내려가며 수군댄다고
일러 바치는 앞산 빼꾸기
모두 모른 척하고
그냥 지나가면 참 좋을 텐데
어제는 푸르고 오늘은 누르다
사사건건 말이 무성한 마을 사람들이나
일러 바치는 앞산 빼꾸기나
의리도 동정심도 없는 비둘기나
가난한 시인에게까지
오십 보 백 보

즐거운 착각

지난 여름 어느 무더운 날
중년 여인들이
소나기구름 몰려오듯 우르르
웃옷 벗고 일하는 내 곁으로 몰려와
나를 에워싸고 사진을 찍는다
영문 모른 나는
청일점 포인트인 줄 알았다
사진 찍고 난 후 그들은
하하 호호 웃으며
선생님 셔츠에 구멍이 나 있습니다

그러면 그렇지
내가 착각했잖아

유토피아

마당 가운데 작은 연못 하나 있다
가만히 들여다보면 참 부러운 국토다

물옥잠 꽃잎 위에
눈 감고 앉아
명상하는 와당蛙堂
네 다리 뻗고 무중력으로 잠자는 와당
부지런히 헤엄치며 운동하는 와당
어미인지 애인인지 큰 덩치 등에 업고
이리저리 유영하며 관광하는 와당
수타 많다

해가 지면 입을 모아 한 목소리로
개국開國 개국 개국……
모국어로만 합창하는 나라

침묵이 하는 말

느림이 언제부턴가
내 몸 여러 곳에 들어와 있다
손발이 느리고 말이 느리고
생각도 느리다
느리다가는 깜빡깜빡 끊기기도 한다
정전이 잦던 시절
꺼졌다 켜졌다 하는 전구 같다
개울 건너 폐교지 연못 가운데
돌다가 멈춰버린 물레방아가
지난 가을부터 내 안에 들어와 있다
저 정지의 무거움이
내 안 어디에 자리 잡으면서
정지는 느림 다음 순서라고
돌다가 멈춰버린 물레방아가
내 안에서 침묵으로 말한다

행복

행복은 어디에 있나?
불면의 밤을 새고
조바심으로 뛰고 달리며
애써 찾는 행복
그 행복은 어디에 숨어 있나?
꽃에도 잎에도 숨어 있지 않네
배지에도 명함에도 붙어 있지 않네
가방에도 지갑에도 들어 있지 않네
내 앞에 선 사람
내 옆에 선 사람
내 뒤에 선 사람
그 사람들 깊숙한 눈동자
그 안에 있네
따스하게 바라보는 눈빛
그 속에 있네

배꽃 지는 밤

이 밤 홀로 지는 배꽃이
개구리 울음보다 무겁다
곰짜기 가득한 달빛보다 무겁다

이 밤 홀로 지는 배꽃이
소쩍새 울음보다 무겁다
내려놓을 곳 없는
내 꿈보다 무겁다

씁쓸한 봄

어릴 때 냇가에서 꺾어 불던 버들피리
바람 다 빼고 돌아와 다시 꺾어 불어본다
굵고 가늘고 길고 짧음에 따라
부웅
빼애
뽀오
그때는 쑥국 먹고도 잘도 나오던 방귀소리
물똥 안 싸는 염소 울음소리
보리밭골 줄넘기하는 종달새 소리였는데
오늘은 그 소리 같으면서도 아니다

굵은 가지 꺾어 다시 만들어
힘주어 불어본다
뿌웅
삐이
빼애
길을 쪼개는 오토바이의 내빼는 소리

주파수가 찢어진 라디오 소리
주방에서 울리는 화재 감지기 소리
참말로 영 아니다
같으면서도 영 아니다

망춘亡春

해마다 봄이면 돌아오던 제비들
작년에도 오지 않고 올해도 오지 않네
흙먼지 쓰고 반백 년 떠돌다
처진 어깨 울러 메고 나도 돌아왔는데
청명 한식 지나고 삼월삼짇
바람 불어 좋은 날
텅 빈 하늘이 너무 쓸쓸하다

산 첩첩 골 겹겹
정적靜寂하고라도 정붙여 살아 보려는데
날아오는 건
황사보다 더 나쁜 나라 안 소식들
묵어가는 고향 산천 돌아오는 건
검은 리본 단 백골 영정들

그나마 다행히 진달래가 피네
소쩍새가 우네

별난 걱정

산자락 밟고 앉아 고구마를 캐면서
함지박 같은 낮달을 쳐다보고 걱정한다
내일모레가 추석인데
저것이 이틀 만에 만월이 될까
윤칠월이 들어서 그런 건가

고구마 줄기 잡아당기면서
연신 고개 갸웃갸웃
저것이 이틀 만에 만월이 될까
열사흘 낮달 쳐다보면서
저것이 이틀 후 만월이 될까

그곳에는 누가 사나

산 첩첩 골 겹겹 작은 산마을
하늘이 가까운 그곳에는 누가 사나
별빛 안고 저 혼자 흘러가는 개울물
바다는 너무 멀어
하늘로 가고 싶은 물소리가 산다
웅얼웅얼 조르고 달래는 물소리 곁에
켜켜이 쌓이는 적막이 산다

고요한 아침이 화가 났는지
멀쩡한 붉은 알몸 허공으로 던져
부산떠는 능소화도 있다

꼬부랑 할매는 산밭에 가서 잠이 들었는지
사람은 안보이고 산머리에서
캬— 캬— 외마디 소리 내지르며
마을의 적막 두드려 보는
배고픈 고라니도 한 마리 산다

별나라

땅에서 슬픔이던 것들이
하늘로 올라가 별이 되었다
땅에서 눈물이던 것들이
하늘로 올라가 별이 되었다
땅에서 밀려나 오갈 데 없는
슬픔과 눈물이 하나 둘 모여
하늘로 올라가 만든 별나라
슬픔을 넘어 눈물을 넘어
도리어 따스하다
진실은 묻히고
거짓이 넘쳐나서
슬픈 지구가
오늘 밤은 얼굴 가리고
먼 별 바라본다

호박꽃

호박꽃이 피었다
여름날 아침 해 뜰 무렵
용화수 아래에서 보낸 소식인가
눈이 부시다
병술년이라던가
말로 할 수 없는 보리 흉년에
부황 들어 죽어간 마을사람들
다시 태어나는가
환하게 웃고 있는 얼굴 얼굴들
저
저
저
저 꽃
황홀한 허기

달 메아리

달이 밝소
달이 참 밝소
창창한 가을 달 쳐다보고
당신께 보낸 말인데
배달료 내지 않아 그런 것인지
당신께로 가지 않고
쨩하고 되돌아온다
헐렁한 소매 늘어뜨리고 혼잣말 한다
달이 참 밝다
쌔지게 밝다
욕을 한 것이 아닌데
텅 빈 하늘
메아리가 없다

나비 효과

다리 무거운 할머니
손수레에 태우고
밀고 가는 할아버지
다리가 무겁긴 매한가지
팔랑팔랑 뒤따르던 나비 한 마리
밀고 가는 손수레에 살짝 올라탄다
나비야 너도 다리 아파서 올라탄 거냐?
아니야, 나는 할아버지 다리에
힘 올려 주려고 그래서 탔지
나비와 할머니 함께 태우고
손수레 밀고 가는 할아버지 얼굴에
복사꽃 핀다

2

고향이 안동이시더

고향이 안동이시더

구름처럼 물처럼 흐르다 보니
정처 없는 삶이 정처가 되었다
늦게 고향에 돌아왔으나
푸른 하늘만 예대로일 뿐
산천도 인심도 모두 변했다
축축한 시 한 편 쓰지 못 하고
노을 앞에 서면 오금이 저린다
고향이 안동이시더 하면
사람들은 어김없이 아, 안동 양반! 하지만
나는 그런 말을 들을 때마다
빳빳한 고드름이나 비쩍 마른 명태가 떠오른다
지조와 풍류는 제쳐놓고라도
뱃속까지 얼얼한 안동 식혜 같은,
밥 도적놈 안동 간고등어 같은,
간간 짭쪼롬한 시 한 편 써야 하는데
고향은 사람을 낳고
사람은 고향을 빛낸다고 하는데……

깍 깍 깍 깍

새해 아침 단정한 옷차림의
까치 두 마리
화사한 햇살 받으며
지붕 한 바퀴 휙 돌고 나서
처마 밑 뜰 위로 내려앉아
강종강종 걸어오며
해맑은 소리로 전하는 언어
깍 깍 깍 깍

옳거니
저것들이 설이 되어도 오지 못 하는
내 아들과 며느리구나!
건강하십시오 평안하십시오 행복하십시오
한바탕 부산 떨고는
훌쩍 날아간다
전송 한 번 편하다

그래 그래
너들 새해 인사 예쁘고 고맙다
보낼 때 어미가 봉지 싸는 수고 없어도 되고
뒷설거지 청소할 것도 없으니
다녀간 뒷자리 깨끗하여 좋구나

떠오르는 새해
해맑은 소리
깍 깍 깍 깍

여우 봄

보리밭 독새풀도 약이 오르고
앞뒤 산 진달래도 불이 붙어
몸살 앓는 산골 아이들
나무지게 산 밑에 벗어 던지고
오입갈 궁리만 하던
그 봄이 다시 내 옆에 와서
연막 피우며 살살 간질인다
두드리면 텅텅 깡통 소리내는
마른 갈대 같은 내 옆구리
킥킥 웃으며 쿡쿡 찔러댄다
한 세월 건너오며 잠재워 놓은 끼
다시 부추기며
어느 절벽 아래로
눈 감고 같이 뛰어내리잔다
구름 너머 나비떼 솟구쳤는가
굳은 내 발바닥 간질거린다

새는 날 창문을 바라보며

새는 날 창문을 바라보며
나는 기다린다.
뿌연 창살 너머
아직은 어두운 빈 마당 기다린다
이 새벽 어디로 흘러가고 있는지도
알 수 없는 그 무엇을 기다린다
개울 건너오는 바람인가
앞을 막고 오롯이 밤을 샌 산인가
더는 가지 못 하는 막막한 생각인가
정화수 떠놓고 기다리던 어머니의
그 기다림 기다리는가
나는 오늘도 새는 날 창문을 바라보며
밑도 끝도 지향도 없는
빈 마당을 기다린다

다시 개벽이 되면

마음이 내키면 언제나 내달리던
그 강이 그립다
강변 모래밭에 퍼질러 앉아 모래성 쌓으면
쌓는 대로 모래는 무너져내려 희망 없는 내 청춘
웅얼웅얼 성공과 실패 짚어주던 강
강변에 널려 있는 예쁜 조약돌들
갖고 싶은 사람만 같아 하나둘 줍다 보면
부질없는 욕심이려니
버리는 법도 가르쳐 주던
내 아버지이던 강
내 어머니이던 강
내 형아 내 누이 내 친구 내 연인이던 강
지금은 그 모두가
깊고 깊은 물 속, 문명의 용수에 갇혀버렸다
언제가 될지 언제가 될지
다시 개벽이 되면
강줄기 옛날대로 다시 살아날 때

나도 전설의 인물로 다시 살아나
그 강 첨벙첨벙 거슬러 올라가
그리운 사람들 만나보고 싶다

객구

나의 아버지는 금강역사고
나의 어머니는 마음결 고운 객구들의 밥이었다
일 년에도 몇 번씩 어머니는 객구들려 아파 누웠고
그때마다 아버지는 에이 또 귀찮게 하네 하시면서도
객구를 물리는 것이었다
나도 옆에서 너무 자주 듣다 보니
아버지가 출타하여 안 계실 때는
할 수 없이 내가
객구를 물리는 것이었다

어쐬 객구야 들어봐라 동에서 온 귀신 서에서 온 귀신 남에서 온 귀신 북에서 온 귀신 김가의 귀신 이가의 귀신 박가의 귀신 권가의 귀신 내가 이름 알고 성 알고 다 안다 행색을 보니 떠돌다가 목마르고 배가 고파 대주 집 내명부 묘생 괴롭혀 한 바가지 얻어먹으려고 왔구나 귀신도 배고프면 먹어야제 니가 배가 고파 내 집을 찾아왔으니 몰몰이 내쫓을 수는 없고 한 바가지 뜨시게

착실히 대접할 것이니 잘 받아 가지고 왔던 길로 돌아보지 말고 썩 물러가거라 머리 아픈 거 배 아픈 거 열나는 거 다 거둬 가지고 한걸음에 썩 물러가거라 이 시간부터는 단잠 자고 단밥 먹고 내일 아침 씻은 듯이 낫도록 해야 한다 만약에 그렇지 않으면 무쇠 가매를 씌워 쉰 길 청소에 빠좌 쇠말뚝에 묶어서 오도 가도 못 하게 할 것이니 명심하고 썩 물러가거라. 어쐬

왼손엔 뜨거운 물바가지 들고
오른손엔 부엌칼 들고
아파 누운 어머니 머리를 칼로 두어 번 긁어서
한 바가지 객구 물리고 나면
오한 두통에 기진맥진하던 어머니는
연대야 물 좀 다고 하며 일어나신다
참 신통했다

이앙기移秧期

펼쳐진 무논
질편한 운동장이다
뛰고 놀아라
말씀으론 양반이다

쟁기와 써레가
바쁘게 휘감고 돌아가는 뒷자리
낮은 하늘도
검은 구름장도
내려앉을 사이 없다

궁둥이 흙은 털지도 못 한 채
달려온 모춤이 공중회전하다가
흙탕물에 털썩 주저앉는다

아. 살았다
꽁지에 불이 붙은 내 청춘

아버지의 유품
—나무지게

아버지 평생 지고
내가 졌던 지게
질기고 질긴
목숨의 표상
땀에 저리고 짐에 눌려
갈비가 부서지고
목발이 다 닳도록
동병상련
부숴버릴 수 없는
뼈아픈 유산

어머니의 유품
―다듬잇돌

아비지가 젊었을 때 노역 갔다가
강물 속에서 건져온 다듬잇돌

평면 5각형에
미소년 얼굴처럼 단정하다
자로 재어보니 두께가 12센치
저울에 얹어보니 무게가 22킬로그램이다

본의 아니게 산골로 유배되어
강물 소리 그리워 울고 싶은데
젊은 어머니 수심 장단에
돌도 같이 울다 정이 들었다

어깨에 메고 온 아버지도 떠나고
가난을 소회하며 장단 맞추던
젊은 어머니도 어느새 늙어
먼 곳으로 가

돌아가지 못한 돌은
무자無字 유허비로
외로이 남아 있다

김씨의 헛기침

이십여 년 살았던 낡은 집이
두 해가 지나도 팔리지가 않아
집이 그냥 있기는 한가하고
몇 달 만에 한 번 둘러보러 갔다가
그 사이 주인 몰래 들어와 사는
새 주인들을 잔뜩 만났다
나무는 나무대로
넝쿨은 넝쿨대로
잡초는 잡초대로
필요한 공간들 저마다 점유하고
다투지 않고 잘 살고 있었다
주인이 의무를 게을리하면
자연법 아닌 민법에서도
시효취득이란 실정법이 있다
거미들은 널따랗게 그물을 치고
진주 이슬 장식까지 달고
새끼들 기르며 열심히 살고 있다

이들의 궁전이고 문전옥답인
그 그물 다칠까봐 허리를 굽혀
가만히 기어들어 갔다가
가만히 기어 나온다
행여나 김씨네 빈집에
도둑이 기어든 게 아닌가 하고
옆집 황씨 아주머니 걱정할까봐
몇 번이고 목을 돋우어
헛기침한다

산반山飯

산마을 반가에 초상이 나면
보통은 오 일장을 치르는데요
장삿날 산반을 지을 때면
이때는 많은 밥을 지어야 하기 때문에
마을에 큰 솥이 있는 집에서 밥을 짓는데요
이게 보통 일이 아니었습니다
쌀의 양에 맞추어 손을 넣어
손등으로 물을 정금하고
불을 때다 보면 풀풀 김과 함께 밥물이 흐르고
밥이 다 되어 갈 때쯤이면
자주 솥뚜껑 열어선 안 되고
새는 김의 양 봐서 솥뚜껑 위에다 잉걸불을 덮어
고루 뜸 들도록 하였습니다
그렇게 하여 밥이 다 되면
미리 준비해 놓은 짚봉새기에
젖은 삼베 보자기를 펴고
손을 후후 불며 뜨거운 밥 퍼 넣습니다

그런 봉새기 밥은 쉽게 식지 않아
섣달에도 산에서 따뜻한 밥 먹을 수 있습니다.
상두꾼에 들지 못 한 새내기 일꾼들이
봉새기 밥을 지게에 받쳐지고
산으로 굼실굼실 올라가는 것을 보고서야
비로소 긴장이 풀린 어머니들이
둘러서서 서로 바라보며
환하게 웃는 것이었습니다
그 산반이 그렇게 맛이 있어선지
동그란 새 무덤도 참 이쁘게 보였습니다

갑골문 작별인사

구순 넘은 장인 장모 내외분이
저녁 시간에 택시 타고 읍내에 나가
평생 처음 즐거운 외식하고 돌아와서는
잠도 편히 주무시고 아침 기상까지 잘 하였는데
장모님 주방에 나간 영감님 불러 옆에 앉히고선
손을 잡고 느닷없이 하시는 말씀
"영감! 칠십 년 당신과 잘 살았소! 나는 지금 가야겠소!"
그러고는 영감님 어깨에 기대어
스르르 눈 감고 가버리셨다
마을교회 장로님이 흰 가운 입고 염습을 한다
싸늘한 시신을 부드럽게 만진다
향 담근 물에 수건 적셔 몸을 닦고
손수 지어놓은 명주 치마 저고리 버선을 신기고
그 위에 또 명주 두루마기를 입히고 화장시킨다
얼굴엔 파운데이션 바르고 입술엔 루즈 바르고
이마와 양 볼에 곤지와 연지 찍으며
이쁩니다 이쁩니다 한다

아흔셋 장모님 얼굴이 복사꽃처럼 화사하게 피어난다
저렇게 곱게 꾸미고 어딜 가시려는가?
아내의 마지막 얼굴 내려다보시는
장인 이마의 서너 줄 굵은 주름
"자네 혼자 가도 괜찮겠는가?"
"저렇게 이쁘게 꾸민 적 한 번도 못 보았는데……"
"그대 가고 싶은 곳으로 잘 가시오"
그 문장 읽는 사위 눈시울이 붉다

견공犬公

공은 사제 관계가 없어서 팔자가 늘어졌다
살아서 가방 들고 따라 다닐 걱정도 없고
죽어서 부관참시 당할 걱정도 없으니
유생의 안빈낙도 못하지 않다
스승도 많고 제자 또한 많으면
밥값 술값 걱정도 많다하는데
공은 스승도 없고 제자도 없으니
눈치코치 보지 않아도 되고
팔자 중에 상팔자다
공도 추운 밤이면
혼자라서 외로울 때가 있기는 하다
그래서 달 보고 시비를 걸면
달은 맞받아서
이놈아 혼자가 얼마나 축복인 줄 아느냐
달이 하나가 아니고 둘이나 되면
내 신세가 어찌 되었겠니
쓸데없는 空空 짓지 말고 골골 잠이나 자라

공도 풍류는 있어서
설렁설렁 꼬리 흔들며
알았다 달님아 이 밤 빠이빠이

구리 안테나

새벽에 꺽꺽 누가 울고 있다
대낮에 킥킥 누가 웃고 있다
늑대들의 괴성
빛이 꺾이는 소리
염소와 양들 허겁지겁 도망치고
설 자리 잃은 신들도 탈출한 광장을
백지가 활보하고
냄새가 재단하는 세상
문 잠근들 무슨 소용 있으랴
내 집 대문이 삐거덕
몸통 없는 손이 안으로 들어 와
가로지른 빗장 풀고 있다
힘이 있는 자는 다 옳다
힘이 없는 자는 다 그르다
석가는 눈 감고 침묵하고
돌 하나도 남지 않고 다 무너지리라
예수가 합장하고 울고 있다

저 산 넘으려면

보면서 보지 않고
보지 않으면서 봐야 한다
저 산 넘으려면

들으면서 듣지 않고
듣지 않으면서 들어야 한다
저 바다 건너려면

말하면서 말하지 않고
말하지 않으면서 말해야 한다
저 언덕에 이르려면

지는 해 바라보며

저무는 해여!
사람 사는 세상 따뜻하게 데워 주려고
하루도 쉬지 않고
말없이 뜨고 지는 수고하는 해여!
세상에 힘 있는 자들은
날마다 해 아래서 많은 일을 합니다
엄청난 일들 하고 있습니다
죽는 것 살리는 일 아니고
산 것을 무더기로 죽이는 일
죽은 것을 두 번 세 번 죽이는 일
반듯한 것을 흠결 내는 일
명료한 것을 흐리는 일
실로 큰 역사를 하고 있습니다
이 같은 역사가 이루어질 수 있게
수고하고 수고하는 저무는 해여!
셔터를 내리 듯
내일 다시 뜨지 않을 생각은 없으신지요?

말씀이 없는 해
말씀이 없어 더욱 장엄한
지는 해 바라봅니다

3

요일단장

근황

시인의 일 년 농사가
돈으로 환산하면 2백만원 가량 된다
적다고만 할 수는 없다
여름 감자가 네 상자 가을 고구마가 세 상자
흰 콩 검은 콩 땅콩 합하여 말가웃
마늘 없고 고추 스무 근
오이 가지 호박 토란
무 배추 뽑아 김장을 하고
참깨 들깨 떨어 기름 짜고
쌀 고정직불금 342,180원
그것으로 쌀을 사서
빈처와 일 년 먹고 산다
그 가운데서도 새와 고라니와 두더지와도
나누어 먹으니 부자 아닌가
여기에 시 몇 줄이 와 주시면
나라 안팎 수상한 풍문들만 들리지 않으면
나는 아주 행복하겠습니다

답신

도심을 떠돌다 답답하여서
끝내는 산골로 돌아왔는데
모두들 답답해서 어찌 사느냐고 물어오시어
조금만 뻥을 쳐서 답신 띄웁니다

시방 목전은 화엄만다라
웅덩이에 다리 뻗고 떠 있는 개구리들
자유도 보고
목청 돋우어 염천을 쪼개는
매미들 노래 소리 평화도 보고
무덤 속 백골들의 적막도 보고
어린 왕자처럼 의자에 앉아
황홀한 노을, 해지는 구경도 하고
그리움으로 뜨는 달도 바라보고
밤하늘에 소리 없이 반짝반짝 불빛을 던지며
나의 영공 몰래 들어왔다 나가는 국적 불명 비행기
기장도 승무원도 승객도 모르는 나만의 전송

밤이 주는 즐거움입니다
천 년 전도 보고 만 년 후도 보고
보는 것 듣는 것 느끼는 것
버리지도 않고 쌓지도 않아
산골은 좁아지지도 넓어지지도 않았습니다
꽃 피고 눈 오기 어언 여러 해
답답해하지 않으니 답답하지 않습니다
당신들도 모두 모두 답답하지 않고
껄껄 푸드득 행복하십시오

사는 일

어떻게 깨끗하게 먹고 사는가를
시인은 그것을 생각해야 한다
편운片雲*께서 하신 말씀이다
그러나 살다 보니
사는 일이란 죄를 키우는 일
흙을 일궈 감자 심고 호박 심고
호박잎 쪄서 먹고 살면
깨끗이 먹고 사는 것인 줄 그렇게 알았는데
그렇지가 않다
오늘도 산밭에서 묵은 그루 치다가
나도 몰래 멧새 둥지 내리쳐
둥지 안의 멧새 알 쏟아진 것 보고
아뿔사! 내가 또 큰 죄 지었구나!
주위를 살펴보니 멧새 한 마리
가지에 앉아 망연자실이다
날아가지 않고 나를 바라보며

---

*조병화 시인 아호

고개를 갸웃갸웃
절망하는 눈빛이다
원망하는 눈빛이다
오, 맙소사
고의성 없음이 어찌 면죄가 되랴
사는 일이란 이렇게 저렇게
나도 모르게 죄를 키우는 일
오늘 하루도 죄가 무성하다

나귀 일기·1

내 지능으로는 닿지 않는 세계가
너무 넓고 너무 크고 너무 많다
내가 왜 나귀로 태어났는지
나귀로 태어나서 영화도 누리지만
고생에 고생을 더하고 있는지
중중무진 힘든 생 살고 있는지 알 수가 없다
지옥 열 개를 끌고
마니주 궁전도 수없이 굴리면서
한 줌 마른 풀에 눈을 주다니
지는 해를 바라보면 왜 눈물 나는지
달이 밝으면 왜 숲 속으로 걸어가고 싶은지
사람들이 만들어 놓은 수많은 길과
강물처럼 길게 써놓은 시와 문장들이
여름밤 들논 개구리들 합창이나
가을 풀밭 여치들
날개 비비는 소리에도 미치지 못 하는지
이런저런 것들이 눈물 없이 슬퍼라

가을바람이 불어와
가을바람이 불어서
표표히 공중으로 날아오르는
가랑잎 본다
산을 넘어 날아가는 가랑잎 본다
저걸 따라가야 하는데
저걸 따라 해야 하는데
저 산까지만도 첩첩 산이니

나귀 일기·2

지난 가을 농사는 말로 셈했는데
금년 농사는 되로도 안 되네
고구마 한 단 심은 것은
싹이 나갈 때부터 고라니들 채전이 됐고
땅콩 두어 홉 심은 것은 들쥐들이
뿌리 밑으로 토굴을 파고
한 알도 남김없이 깨끗이 가져가
가을이 와도 할 일이 없네
묘목을 주문하여 정성 들여 가꾼
원산지가 북유럽인 아로니아는
밤도둑께서 탈 없이 밭자리를 놓아
이것저것 땀만 빼고 맛도 못 봤네
나귀는 먼 산 바라보며
빈 입만 쩝쩝
짧은 졸가리로 뒷발질을 해봤자 소용없다
뒷발질은 모두 헛발질이니……

나귀 일기·3

나귀는 작황이 나빠도 낙심하지 않는다
바닥을 치고 나면 다음은 올라간다
올라간 것은 다시 내려온다
죽고 사는 일도 여기에 맞추면 다 해결된다
소득이 줄면 소비가 줄어
블루도미노
주변은 청결해지고 머리는 맑아지고
시가 가마니로 들어와도
절대공간은 항상 유지되고
체중이 줄어 몸이 가벼워지면
새처럼 날아다닐 수 있고
오장육부도 근로 시간이 줄어
더불어 만국이 평화로울 터

다른 방법
있지
내 아내는 시인의 아내

달빛을 뽑아 면발을 만들 수도 있을 것이고
풀 향기 모으면 조미료는 해결할 터
그것이 안 되면
또 있지
제2 제3의 대안은 항상 갖고 있어야
나는 은하에 가서 별 한 포대 퍼오고
아내는 시장에 이고 가 별 팔고
아직까지 누구도 생각해본 일 없는
신규 시장이 별처럼 널려 있지
나귀의 뒷발질은 모두가 헛발질인데
나귀는 신이 날 때도 뒷발질한다
아내는 내가 이 나이에 무슨 방티 장사하라고
또 무슨 낮잠을 그리 오래 자면
왕자도 공주도 아닌 거지 같은 잠꼬댄가
그만 일어나시어 엎어지지 말고 와서 저녁 드시라
감자가루 수제비 한 대접
달빛 내린 창가에 갖다 놓고선

불 켜지 않아도 되겠다 한다
이럴 땐 나도 조랑말처럼 착해져서
고분고분 말 잘 듣는 나귀가 된다

목요일

목마를 타고 떠난 공주는
지금은 어디쯤 가고 있을까
남의 집 화단 한 귀퉁이에서
가시 돋은 장미에 물을 주며
떠가는 구름 보며 왕자 꿈을 꾼다
강아지이던 조각구름이 잠시 뒤에 보니
허공을 뛰는 백마가 된다
하늘로 올라가는 사다리
그 사다리는 어디에 있나
두리번거리다가 가시에 찔려
화들짝 놀라 정신을 차린다
여기는 어디고
나는 누구인가

화요일

작열하는 태양 아래
뜨거운 모래사장
피 피 피가 보인다
벽을 향해 달리고 싶은 날
누구도 무엇도 내 앞에 얼씬 마라
혼자든 둘이든
내가 서 있는
레일 위나 다리 난간을 걷지 마라
아주 위험하다

토요일

일요일이 없는 곳에 놀토가 어디 있나
태일이는 스물두 살 나는 스물아홉 살
1일 결근하면 2일 삭감하고
지각 두 번이면 1일 삭감하는 비정한 현장
한 달 만근하면
만근 일 수에 일당 곱하기 그게 월급이다
그렇게 일을 해도 낱장 연탄에 봉지쌀 신세
병약한 어머니가 꿈에 보여도
찾아가 뵐 수 있는 돈도 없고 시간도 없고
그런 벌거숭이에게
토요일이 무슨 의미 있나
누가 말했다
가난은 죄가 아니라고
불편일 뿐이라고
그 말을 경전인 양 믿고 따르는
가난한 자들아
착한 자들아
너희들에게 복이 있어라

일요일

일 년이 크면 366일
하루도 쉬지 않고 돌리는 공장에
시다로 일하는 놈이 출근하지 못하는 날은
몸이 아픈 날이다
하루 쉬고 이틀 까먹는
비애의 마음까지 앓는 날이다
잠에라도 푹 빠져
이런저런 아픔을 잊고 싶은데
대낮에도 쥐들이 천장 속을
우당탕 몰려다니며 분탕질이다
다 함께 죽어버릴까
그런 생각도 해보다가
물만 먹고도 키가 커가는 아이들 바라보고
너희들은 포플러 종인가보다라고 하면
뜻도 모르고 하하 웃는
천진무구 아이들 웃음소리가
슬픔이 되는 긴 하루다

월요일

평지에서 일어난 바람처럼
바람 따라 날아오르는 지푸라기처럼
마음만 공중으로 띄우며
대책이 서지 않는 절벽 끝의 하루하루
그럼에도 불구하고
철없는 아내에게 대장처럼 말한다
우리는 언제든지 죽을 수 있고
죽을 수 있는 희망이 있다
그러고는 돌아앉아 고뇌한다
죽을 수 없는 절망 안고 살아야 한다
죄 없는 것들을 팽개친다면
죽어서도 씻을 수 없는 죄인이 된다
이 밤 자고 나면 해는 뜨리라
바람벽에 이마를 찍어 신열을 내리고
뜨는 해를 내가 먼저 맞아야 한다

수요일

비가 오면 비에 젖고
바람 불면 날리고
파도치면 밀려가고
그렇게 살자
하늘이 누구에게도 이익과 손해를
따로 정하여 주지 않았거늘
누구를 원망하고 누구를 미워하랴
그럴 까닭이 없지 않느냐
화도 복도 자기가 지어 자기가 받는 것
내가 지금 무엇을 짓고 있는지
내 안을 깊이 살필 일이다
남 따라 가지 말고 스스로 가자
스스로 가서
비가 오면 비에 젖고
바람 불면 펄럭이자
이 언덕이 아니면
저 언덕에 닿지 않겠느냐

금요일

성공과 실패가 섞여 있고
행복과 불행이 겹쳐 있는 날
그 날이 어찌 오늘만이랴
현자는 말한다
황금 보기를 돌 같이 하라
나는 말한다
돌 보기를 황금보다 중히 하라
인생은 끝없는 자기투쟁이다
황금을 버리고 돌을 취하는
고독한 투쟁이다
끝내는 돌에도 머무르지 않고
돌과도 결별하고
하늘을 나는 백마가 되는 일이다
백마가 되어 꽃이 핀 세상
평화로운 세계를 축복하는 일이다
오늘도 천 년의 바람이 불고
한 조각 구름이 일어났다 사라진다

4

무념의 뜰

평상에 내린 햇살

평상에 나앉아 쉬고 있는 아침
앞산 뻐꾸기가 한 번 뻐꾹하곤
등 너머로 날아가 버린다

묵언默言
산이 활활
옷 벗는 걸로 보아
오늘 법문은 활구活句인가보다

내가 앉은 평상 위에도
환한 햇살이 내려와 있다
뻐꾸기가 물고 가다 떨어뜨린 것 같은

적요의 뜰

오대산 중턱
고요에 싸여있는 적멸보궁

보궁 밖은 바람이 지키고
보궁 안은 고요가 지킨다

밖이 안이고
안이 밖인 적요의 뜰

그 뜨락에
환한 깨달음의 수국 한 떨기

금생에 만나는
내 전생

무념의 뜰

입추의 빗소리 베고 누우니
귀가 환하다
밤벌레 소리까지 베고 누우니
더욱 환하다
누각도 한 채 세워지고

빗소리 벌레소리
맑게 씻은 소리의 빛 무늬로
누각에 단청을 넣어가다 보면
저 높은 곳에서의 환한 영접!

맑은 꿈 한 조각이
누각에 오른다

시간

시간은 밥이며 술이며 잠이다
모든 일은 차근차근 아껴서 하고
한꺼번에 다 하려고 하지 말자
한꺼번에 다 하려고 하는 것은
도박이지 승부수가 되지 못한다
진정한 승부수는 승부 자체를 버리는 일이다
오늘 못 하면 내일 하고
내일 못 하면 모레 하자
시간이 없다고 말하지 말자
금생에 못 하면 다음 생 수없이 있다
세상일이란 그냥 둬도
저절로 되는 일 더 많다
안 되면 죽을 것만 같던 일들이
어느 날 무의미한 일이 되기도 하고
필요 없는 일이 되기도 한다
오늘 할 수 있는 일만 하고
남은 시간은 기도하자

그리고 놀자
노는 일이 쓸데없는 일에 매달리는 것보다
백배나 더 나은 것임을 빨리 터득하자
시간은 모시기에 따라 하느님이며 부처님이다
잘못 들이면 도둑놈이고 사기꾼이다
오, 나의 하느님 나의 부처님
땡큐 땡큐

본래면목

아파 누워서 죽음을 생각하고
유언이나 임종게를 생각하고 있는데
찌르르 전화벨이 울린다
모 신문사 홍보국장이라고 자기 소개하며
선생님께서 주간지 한 부만 구독해 주시길
부탁합니다 한다
나는 지금 유언을 쓰는 중이오 하니
급하게 전화를 끊어 버린다
당연히 그럴 테지
놀란 그대는 누구시며
그대 놀라게 한 나는 누구인가
세상은 한없이 재미있는 곳
세상은 한없이 못돼빠진 곳
웃고 일어나니 아픈 게 다 사라졌다
휘적휘적 집 안을 걸어보는 사이
조금 전 일들 종적이 없다
머리도 몸통도 꼬리도 없이

가고 오고 오고 가는 것
있고 없고 없고 있는 것
종횡무진하는 것
중중무진인 것
디지털로도 방사광으로도 찍을 수 없는
오롯한 부재존재不在存在
이름하여 나

중생

담벼락으로 개미가 기어오른다
내 생각으론 내려와야 할 것 같은데
계속 올라만 간다
한참을 더 기어오르더니
빽 돌아서서 거꾸로 내려온다
또 옆으로 달린다
저렇게 가다간
어디를 가도 낭떠러진데

흥건히 젖었을 개미의 이마
내가 보기엔 분명 헛수고
헤매는 것

헤매고 헛수고하긴 저놈만이 아닌
아둔한 질주로 세상 길 헤매는
여기 이놈이 나을 것도 없다
이 모두는 측은한 것들

선운산

선운산 골짜기에
홑동백도 붉게 피고
겹동백도 붉게 피어
선운 산문이 온통 주단이다
향연 피어오르는 도솔천 내원궁
운무 속에 산벚나무 등불로 섰다
하마 벌써 미륵불이 오시나
아니 벌써 미륵불이 오셨나
선운산 마애불
웃는 듯 운다
우는 듯 웃는다
남섬부주 전라도
꽃비 오는 사월

백척간두

백척간두의 잠자리
위험천만

천만에 위험천만
백척간두의 잠자리

한 발 더 내디디면
대자유 무한시공

빈 손 아니고는
오를 수 없는

숙명

세상일 잘 하려고 하지 말라
세상일을 잘 하려고 하는 것은
진흙으로 옥을 만들려는 일과 같다
진흙이 옥이 되겠느냐
그것은 불쌍한 사람들이 하는 짓이다
그럼에도 불구하고
세상일 잘 해보려고
날마다 허덕허덕
전생에 하던 버릇
금생에 와서도 똑같이 하고 있다

하직길

모두들 사뿐사뿐 걸어서 가셨는가
모두들 뚜벅뚜벅 걸어서 가셨는가
바람 모래 먼지 누비고 구르다가
오욕의 가시넝쿨 헤치고 가셨는가
승리의 월계관 쓰고 가셨는가
울며 가셨는가
웃으며 가셨는가
뿌리치고 가셨는가
끌려 가셨는가
가지 않으면 안 되는 길

내가 갈 때는
저기 저 푸른 하늘
푸른 자유 속으로
새처럼 포르르 날아갈 거다

신주소 유감

내 사는 곳의 신주소가
안동시 길안면 하지길인데
기끔씩 하직길로 쓴 우편물이 배달되어 온다
오늘도 그런 우편물 하나 받았다

선생님 무사히 도착하셨어요?
하직길 76 김연대 귀하

난 아직 할 일이 남아
하직길 떠날 채비는 못 하고 있어
오늘 밤은 시간 쪼개서라도
궁한 엽서 한 장 써야 할 것 같다

화두

서역만리西域萬里
얼마나 먼 길인가!
생각으로도 멀고
몸뚱어리로는 짐작도 안 되는
십만 억 국토 지나
그 길 가는데
무슨 화두를 들고 가라니……

사바세계 백리 쯤 지나다 보면
이 몸 이대로가 화두덩인데
무슨 도둑놈 보따리 하나 더 들고 가라니……

화두고 몸뚱이고 모두 던지면
멀고 먼 그 길 갈 것도 없을 것을……

제야의 기도

종이 울리고
불이 꺼지고
처음 당도한 시간 앞에
손을 모은다
거룩한 밤이여!
깨끗한 아침을 맞고 싶습니다
정결한 잠을 제게 주소서
봉황도 무지개도 황금 돼지도 꿈꾸지 않고
잠에서 잠으로 떨어지지 않는
잠들지 않은 잠만 제게 주소서
아침으로 흘러가는 밤의 강처럼
깨어 있는 잠을 제게 주소서

동천冬天

섬찍하여라
요염을 삼킨
정한을 얼린
입술이 심문한다
눈썹이 심문한다

지난날 내 알고 지은 죄
모르고 지은 죄 다 잊은 지금
생각도 가뭇한 이제 와서
참회도 때가 늦은
지금에 와서……

만인시인선 56

나귀 일기

초판 인쇄 2016년 3월 20일
초판 발행 2016년 3월 25일

지은이 / 김 연 대
펴낸이 / 박 진 환

펴낸 곳 / 만인사
출판등록 / 1996년 4월 20일 제03-01-306호
주소 / 41960 대구광역시 중구 명륜로 116
전화 / (053)422-0550
팩스 / (053)426-9543
전자우편 / maninsa@hanmail.net
홈페이지 / www.maninsa.co.kr

ISBN 978-89-6349-086-1 03810

값 8,000원

* 이 도서의 국립중앙도서관 출판시도서목록(CIP)은 서지정보유통지원시스템 홈페이지(http://seoji.nl.go.kr)와 국가자료공동목록시스템(http://www.nl.go.kr/kolisnet)에서 이용하실 수 있습니다(CIP제어번호 : CIP2016006918).